JN440381

대책이 없는 문장입니다 당신은,

김상숙 시집

문학의전당 시인선

0327

대책이 없는 문장입니다 당신은,

김상숙 시집

문학의전당

시인의 말

흔들리며 흔들며 홀로 멀리도 걸어왔다

어디에도 머물 곳이 없다

바람을 앞세워 나를 밀고 갈 뿐

내 문장이 다 녹이 슬 때까지,

2020년 7월
김상숙

차례

제2부

제3부

제4부

제1부

슬픈 도형

어릴 적 산수시간
삼각형 사각형 다각의 뿔 달린
선을 그려나가다 보면
무덤처럼 닫히던 도형이 슬펐다

심장 속
스키드마크처럼 줄이 그어지던 폐곡선에
죽은 언니가 살고 있었다

낭만적 엉덩이

약속이 어긋나 밥도 안 먹고 돌아오는 길
뒤틀린 약속의 어원은
낡은 동아줄이거나 긁힌 강화유리에서 나왔을 거라는
생각을 굳히려다 복잡한 전철 안,
발등 밟히고 나서 다 까먹었다
두 정거장 반쯤 지났을까
앞에 앉은 남자 벌떡 일어난다
그런데 웬 엉덩이가 이렇게 따뜻하냐
남의 엉덩이를
이렇게 느껴도 되나
따순 기운 빠져나갈까 문고리 걸듯 얼른 덮쳐 앉는다
가늘고 긴 전류가 흐른다
엉덩이를 포개니 생각이 배꼽을 넘어선다
누군가를 기다리며 파묻어놓은 아랫목 밥공기처럼
상상이 침을 고이게 한다
퉁퉁하고 펑퍼짐한 온기가
언뜻 누군가의 뿌리일지 모른다는 생각
생면부지 도드라진 엉덩이가

이렇게 낭만적이어도 되나
몇 정거장이면 두고 내릴 내 엉덩이도
누군가에게 낭만적 얼굴이 될 수 있을까
조심스럽게 자세를 고쳐 앉고
엉덩이에 미소를 그린다

조카는 항해 중이다

만삭이 된 조카가 잠에 푹 빠져 있다
자는 모습이 등 굽은 새우 같다
구석을 베고 누워
배를 둥글게 감싸고 바다를 항해 중이다
둘이 한 배를 탔다는 게
이 배의 동력이다
사십주야(四十晝夜) 폭풍우 그치면
태양의 띠를 두르고 나올 깨끗한 울음
청정의 기억을
눈꼬리에 달고 바다를 힘껏 밀고 있다
조카는 지금 어느 항만을 통과하고 있는 걸까
모든 길은
바다에서 완성된다
몸이 길이다

자화상

쓸 일이 있겠지 하며 모아두었던 것들
크고 작은 종이상자들을 정리한다
창고 안을 가득 채운 속이 빈 것들
언젠가 다시 쓸모 있겠지
생각이 겹겹 감싸고돈다
큰 것들 안에 작은 것들
작은 것들 안에 더 작은 것들
더 작고 작아진 내가
들어가 앉으니 몸에 각이 선다
둥글어지지 않으려는
내 안의 들리지 않는 비명
변명처럼 흔들리는 결
미명 아래 붙잡고 있는 모든 모서리를 접는다
없애고 나니 모든 속, 밖에서 풀려난다
힘껏 밀고 또 밀어도 꼼짝 않던 창고 문이
저절로 닫힌다
내 안에 바람 한 점 흘러 들어온다
빈 상자가 된다 가득 찬다

불러봐도 없는

새벽 두 시가 범람한다
빗방울이 방울에 목숨 붙이고 있는 시간
내 한 덩치가 바닥에 붙었다 떨어져
가장 왜소해지는 시간
새벽이 심드렁하거나 말거나
한 시는 있었고
세 시도 곧 당도할 터인데
방금은 두 시일까 아닐까
두 시라고 말할 때 진열장 안
불뚝불뚝 온갖 근육 뽐내는 사내를
주홍 입술에 엉덩이를 흔들며 월담하는
장미의 교태를 두 시라 부른다
여름에도 부르르 떨고 있는
옥탑방 월세의 압박을 두 시라 부르고
붉은 포도주와 스테이크를
레이어로 주문한 피 묻은 포크를
불러낸 불금을 두 시라 부른다
불곰, 하면 지체 없이 가벼워져 달려오는

남편을 두 시라 부르고

까만 새벽 두 시에 없는 너를

두 시라 부른다

드라이플라워

빗소리 조문을 하는 장례식장, 밤늦도록 공기마저 제 몸을 가누지 못하는데 딸아이의 눈물이 말라 있다 파리하도록 새하얀 이마에 가느다랗게 맥이 뛴다 얼떨결에 들이닥친 아버지의 죽음을 앞에 두고 우두망찰 앉아 있다 곧 비문(悲文)이 새겨질 자리이다 혈육도 친척도 아닌 사람들이 난감한 사태를 수습하느라 분주한 바람을 불러들인다 한밤중에 불려나온 화환들이 부스스 제 꽃잎을 떨군다 꽃잎 가장자리가 딸아이 입술처럼 말라간다 4년 전 먼저 떠난 아내의 무릎을 베고 누웠던 그가 영정 속에서 딸을 무심히 바라보고 있다 최선의 거리를 사이에 두고 꽃잎 저 가장자리 한 잎 두 잎 자꾸 타들어간다 빈 집의 음습함이 하수구를 타고 올라오는, 울음 길 처음부터 끊긴 어느 시인의 장례식장

골목의 깊이

캄캄해질 수 없어 다시 새벽은 오고 내 발자국 소리를 듣고 자라나는 골목이 발목을 친친 감는다 사람들을 국숫발처럼 빨아 당겼다가 동이 트면 사람들을 토해내는 골목, 아침이면 구겨진 얼굴을 다시 다림질하고 출근을 하는 골목, 감전을 일삼는 전깃줄 저릿저릿 놓아버린 전봇대 고이 묻어주고 얼굴 없는 사람도 품어주는 골목, 심심할 때는 지붕 위에 고양이를 하늘로 쏘아 올리는 골목, 돌아올 사람 보이지도 않는 밤 건널목에 핀 조명 쏘며 애태우는 골목, 엄동설한 얼음을 품고 들어온 사람들 봄이면 연두 잎들 새알처럼 터져 분홍이 되는 골목, 이삿짐 졸랑졸랑 보내고 좁은 소방도로에 노란 선이 되어주는 골목, 불길한 발 음흉하게 들이밀면 컹컹 물어버리는 골목, 치매에 걸려 자주 길 잃은 미숙이 할머니 질문을 다 받아주는 골목, 우울한 계절 같은 눈높이로 나의 배후가 되어주는 자은 나의 골목

꼬리에 대한 생각

꼬리뼈를 다쳤다
까맣게 잊고 살았는데
통증이
자꾸 그쪽을 본다

아무렇지도 않게 지울 뻔한 내 몸이
다 꼬리라는 생각의 긴 꼬리
잡아당겨 돌려 세운다

살아남기 위해 앞세우거나
아예 끊고 달아나거나
위태로울 때 슬그머니 꽁지에 말려 들어간다
이제 무겁고 어둔한 통증만 남았다

그냥 놔두라는

의사의 처방 참 어렵다는 것도
코끝 시큰시큰 와 닿을 때 깨닫는다

꼬리를 그만 놓아주어야 할 것
뒷간이나 헛간 잘라낸 맹장같이

꼬리를 물리니 온몸이 오그라든다

배꼽을 능가하는 내 올곧은 뿌리!

은어

한계령 중턱에서 계곡을 내려다보는데요 카펫 깔린 듯 햇빛이 유난히 강하게 내리쬐는 곳이 있네요 해바라기하느라 흔들리는 연두색 잎들이 꼭 도루묵 알 같아요 무슨 일인지 숱한 세월 꼼짝도 않던 거대한 산이 꿈틀꿈틀합니다 놀라 왕방울만 한 눈을 굴리는데 쉿! 첩첩산중에 바람을 산란 중입니다 수컷 지느러미가 주변을 경계하며 구름을 연신 부채질합니다 한두 번 맞춰본 호흡 아닌 듯 은빛 찬란합니다 귀동냥이라 영 믿기지 않는다면 조용한 봄날 아무 생각 없이 달려오세요 한계령 옛길, 맥 짚어가며 천천히 돌아가며 보세요 돌고 돌다가 지천에 핀 꽃 만나면 그대로 주저앉으세요 산란했던 마음 울컥, 다 쏟으세요 안에서 묵혀 있던 것들 한통속 푹 썩어 든든한 밑밥이 됩니다 다시 생(生)이 꿈틀꿈틀합니다

구멍가게

강원도 홍천 지나고 내면 지나
허름한 산골 가게
언제 열고 닫는지
깨진 창문에 비뚤비뚤
장난치듯 써 있는 이름
구·멍·가·게
구멍들은 오래된 온기를 품고 궁금하다
바람이 바람을 빠져나오느라 입술 부르틀 때
소문이 가랑이 사이를 물고 늘어질 때
혼자된 여자가 조그만 구멍을 열며 닫으며
허리춤을 팔았다고는 하나
낙엽이 보았다고는 하나
한 번도 구멍 밖을 나오지 않았다는 것도
떠도는 것이기는 하나
낭설이 구멍을 꽉 채운 뒤다
빗줄기에 젖은 채,

제일양장점

한 땀 한 땀
양장, 본을 뜨고 있다

엉성한 실밥 이어 주욱 들어선
제일시장 난전 모퉁이
가슴이 빈약한 여자가
늦은 밤
꽃무늬 레이스 천에
또박또박 낙타처럼 희망의 초크를 긋는다

자르고, 붙이고, 덧대고
캄캄한 좌판마다
하나 둘 꽃이 핀다
가봉(假縫) 없이 자르고 박은
기성복들이 질주하는 세상
꽃의 행간에서 틈틈이
가쁜 숨을 몰아쉰다
시장 골목길 모래바람 일면

박음질 끝에 더 푸르러지는 꽃나무들
건잡을 수 없이 삐뚤삐뚤
엇나간 봉제선을 수없이
뜯었다 박는다
마지막 단춧구멍 내다 보면
비로소 낙타가 빠져나갈 바늘귀가 보인다

족보를 위한 변명

이삭은 아브람 부부가 가슴으로 낳은 아이
바람 불어 스산한 날에도
방 안은 달콤하고 아늑했다

집 앞에서 벌어진 뺑소니 사고
아브람 가계의 사고(思考)가 기우뚱해졌다
등곳길은 형들이 손과 발이 돼주어도
아이들은 아이들에게 더욱 잔인했다

더 이상 창창(蒼蒼)
찔릴 곳이 없는 가계
꽃들이
함부로 만개하곤 했다
족적도 없이 텃밭을
훌훌 타 넘는다

사라진 이불과 함께

저기 저 붉은 해, 손가락질 피해 반나절도 안 돼 지상으로 떨어져야 하는 오늘의 날씨 어스름한 강변 풀숲 모래펄에서 한가로이 뒹구는 안개구름을 가난한 부부가 한밤중 끌어다 덮는다 삼백육십오일 자세한 목록을 견디다 보면 불비(不備)의 몸이다 늘 추운 아침 풍경이다 평화로 188번길 세 든 간판이 또 바뀌어도 한번 구겨진 가난은 불규칙 바운드 절박함이 옮겨붙은 심장은 잠에 빠질 수도 더는 아플 수도 없다 사소할 것 같은 논리는 작두날 같아 역삼각형 머리로 버틸 힘은 꼭지 하나의 믿음, 밤낮 안 가리고 주행하는 나는 한 끼 배고픈 뱀이다

애기똥풀

홍수에 떠밀려온 마른 나무둥치 아래
파란 줄기 따라 쑥, 올라오다 말고
들어가 버리는 애기똥풀
노랑머리에 눈이 달렸나
없는 발자국에도 화들짝, 노랑
여리여리한 바람에 휘둘리다가도
밤새 쏟아진 물 폭탄
파편에도 끄떡없는 파워스프링
뒷발로 일어서려다
물큰! 일 저지르고 마는 아이쿠 똥, 풀
내 치마 내 허벅지
노랑 물 뒤집어쓰네
내 노랑은 누렇게 뜬 노랑
노랑이 굴러가네
내 모자가 굴러가네
내 머리가 달아나네
심술궂은 노랑
나를 밀어내는 노랑

촘촘한 거미그물에도 밀봉할 수 없는 노랑
해맑은 그 온기 찢으며
물들이며 멀리멀리 달아나네
머나먼 행성에서 가끔씩
안부가 계절도 없이 날아온다기에
초승달 귀퉁이 접힐 무렵
쓸쓸한 속눈썹에 걸터앉으면
달밤에 노랑노랑 춤을 추네
꽃 피우며 물들이네

소(沼)

늦더위 되새김질하는 오후, 그랜드호텔 뒷길 놀이터에서 겨울을 껴입은 여자가 땅바닥을 구르며 울고 있다 그녀 곁에는 지구 한 바퀴쯤 돌고 온 암소처럼 지친 보스톤 백이 단내를 헹구느라 일그러져 있다 색바래고 질긴 그녀의 입에서 쇳소리가 난다

(((살려줘요)))

아무도 근접할 수 없는 그녀의 소용돌이, 허우적거리고 있는 깊은 물살 너머 더듬는 사내들, 시선 끌어당기며 시소 그네를 타던 아이들 눈빛 부여잡으며, 벼랑 끝 바투 쥐고 있다 안절부절 지켜보던 낮달이 오리나무 가지 사이를 돌아 문 닫힌 파출소 관심 밖을 지나 그녀의 난간을 감싸 안는다 사투 끝에 열병의 그늘을 벗어난 그녀 희번덕 주위를 쏘아보며 몇 겹의 시든 꽃잎을 닫는다

제2부

뇌신

세상에 많은 신 있더라 구둣방에 가지런히 꽂힌 가죽신부터 오랫동안 투덜투덜 먼지 뒤집어쓰고 끌려 다니는 나의 신, 인도에는 신발 벗고 공손히 꿇어야 뵈는 오줌싸개 쥐신 있더라 온갖 신, 불신하며 사는데 귀를 닫아도 달팽이에 걸리는 사원, 엄마가 걸터앉은 사원의 계단은 도무지 오를 수 없더라 머릿속 쩍쩍 논바닥 갈라질 때 물 가득 채워주는 뇌신의 또 다른 이름 명랑* 굴곡의 길 반짝 틔어주며 경운기 트랙터를 몰고 가는 전지전능한 엄마의 함몰된 믿음 앞에 노 노 이젠 믿지 마 경전을 덮어버리면 벌떡 일어나 죽음 앞에서도 흔들리지 않는 공동(空洞) 속의, 엄마를 갉아먹고 있는 낡은 신, 어제도 내일도 비는 내리고 작년 이맘때도 비가 왔더라 종일 쏟아지는 빗줄기 둘둘 만 면발에 중독성 스프를 털어 넣고 어느새, 엄마가 부글부글 끓어 넘치더라 엄마의 신이 벗겨지고 있더라

---

* 뇌신과 함께 60~70년대에 두통 혹은 치통에 먹던 가루약.

신두리 사구

삶이 시들해져 절벽 끝에 섰다면 이곳에 와서 온몸을 던져도 좋으리

파랑이 밀어올린 모래를 두근두근 감싸 안고 견디는 것을

달아나던 걸음 돌려 태풍에 맞서 무릎 안쪽이 다 까져 있는 것을

하늘의 무게 한껏 받아 안고 뒹구는 저 중력을 보라!

갯메꽃 해당화 통보리사초 갯그령 해방풍 순비기꽃 소리쟁이 어질어질

주홍거미 개미귀신 물장군 금개구리 맹꽁이 큰주홍부전나비 문신한

어미의 팔에 안겨 보라 끊임없이 모래를 주고받아 건재한,

집 없어 머리 둘 곳 없다면 마실 한번 와도 좋으리

넘실거리는 모래 물결이 가난한 행간이 되어 해변을 달굴 것이다

쉽게 삼키고 뱉는 세상이라지만 진력나지 않는

깊고 먼 심해에 심지를 두고 있어 사구(砂丘)는 건기가 없다

정전

딸깍, 어둠이 켜집니다

환한 낮에 우리는 순식간에 길을 잃어버립니다 엘리베이터에 갇힌 사람들은 맹목에 가까워집니다 수족관의 물고기들은 우왕좌왕 호흡이 가팔라집니다

한여름 얼음가게엔 기둥이 다 흘러내리고

지하철이 고압선을 건드린 게 고작 여름 때문이냐고 항의하다가 두 시간이나 철로에 갇혔었다는 소식이 삐질삐질 진땀을 흘립니다

어둠이 켜지니 환한 그늘이 참 다양합니다

토끼풀 연초록 귀가 접혀 빨간 눈의 변신로봇! 정전이 되었는데 엉뚱한 곳이 활짝 켜집니다

주말 일과가 게임 천국인 윗집 아이는 컴퓨터를 밀어내고

마음에 없다던 친구 불러내니 농구장이 가까워집니다

나는 문턱도 없는 집에서 자꾸만 넘어집니다

남의 말

좋겠다
숨을 곳이 있어서 우물거릴 곳이 있어서
혹한 속 바람의 말도 순간 쉴 곳이 있어서

심장이 움츠러들 때는
한철 깊은 그늘진 쪽으로 몸이 기운다

불평불만 시빗거리로 세상을 안주 삼던 알코올중독 e편한 세상의 401호 남자
한 일 년 안 보이더니 얼굴 반쪽 그늘이 앉았다
파란 병실 문이 북쪽으로만 열리더라는 말

태생이 북쪽인 달팽이 고둥 입이 여문 앵무조개 떠도는 낭설류 차가운 그늘이 외투막이다 땅에 코 박고 있어야 대대손손 뿌리가 얽혀 생(生)이 흔들리지 않는다

물 고인 호수가 날개를 달고 유유자적 멀리멀리 돌아오는 방향은 북쪽이다, 안착하는 곳도 그쪽이다 동네방네 떠벌리는

말 헉헉거리는 땡볕

느티나무 천년도 평상에서 함부로 흘리는 남의 말, 동구 밖까지 그늘이 자란다

말 나름이니 그냥 남(南)의 말이거니

그리고 아무 일도 일어나지 않았다

사마귀 두 마리가 풀 더미에 매달려 있다
속이 텅 비어 있는 서늘한 수컷
그 속내에 암컷이 뜨거운 눈 화살을 퍼붓는다
무슨 일인지 바람이 그들 사이를 더 벌려놓는다
괜히 끼어들다가 심히 낭패를 볼 게 분명해
그냥 지나치려는데
저 입속에서 우물거리고 있는 사건의 전말 무얼까
껍데기만 보고 세간에서는
남편 잡아먹은 몹쓸 년!
낭설이 낭설로 끝날 것 같지 않은데
실체가 없는 것에 더 익숙해진
추문이 만발한 숲속
마누라가 한둘이 아니다 노름으로 가산을 탕진했다
본처가 여러 번 119에 실려 갔다는 등
멍든 말이 더 진실에 가깝게 들린다
애욕으로 몰아가는 허무한 음모가
강의 상류에서 펌프질을 하고 있다
뜨겁게 달구는 애사는 계속 이어진다

가정수도원

나는 오십구 년째 감금되어 있다 식구들 밖에 나갈 때 나를 잠그고 나간다 길들여지면 그대로 자물통이 된다 회색 콘크리트가 정교하게 세운 건물에 당신과 나는 자발적으로 감금되었다 선명했던 서로의 무늬들이 뒤섞여 한 세탁기에서 돌고 돌았다 아침 식탁이 짧으면 짧을수록 가시가 더 뾰족하게 만져졌다 (근데 바람은 왜 기웃거리며 종일 안부를 묻는 것일까) 그리움이 달항아리 같은 넓적다리를 담장 위에 올리고 당신은 뒤에서 장밋빛 솔기를 뒤집어 박는다 명주실로 꼼꼼히 나를 뜨개질하다 캄캄한 밤이면 빗장 풀어 열어놓는다 손바닥으로 햇빛을 가리느라 마당에 평상이 만들어졌고 약속은 손가락을 걸 때마다 마모되었다 바람은 구부러진 쪽을 더 구부리고 지나갔다 어느 날 문득, 눈치 없는 거울이 뺏골 성성해진 몸을 읽어 내려갈 즈음 설익은 당신은 문고리를 박차고 달이났다가 환기도 없이 문을 밀고 들어왔다 종신은 서원에 이를 때까지 간신히 이어가는 골방이 켜놓은 촛불! 수도원의 모든 바람은 창문을 길들이는 시간, 붙잡고 타이르느라 밤늦도록 나는 나를 닫지 못한다

컴퓨터와 뭉그적거리며 놀다

컴퓨터에서 뭉기적거리다를 찾는데
누가 이마에 그물을 치는지
어물어물거리다가
슬그머니 도마뱀 꼬리를 웅크렸다 펴듯
뭉그적거리다로 바뀐다
깊숙이 들어가 보면 뭔가 맹글한 게 켕겨서
맹기적맹기적 걸리는 게 있겠지
만만한 게 어디 있겠어
느물느물 맹기적거리다를 이어가는데
혹시 뭉그적거리다 찾으세요?
쯧쯧, 말짱 도루묵이다

뭉기적이란 말은 북한에서 주로 쓴다는데 눈치꾼이 게으른 몸에 우물우물 지적질 해대는 표준말 아니나 능히 사전에 얹혀 있다는 나같이 잘 쓰다가 질문이 생기면 꾸물꾸물 미적거리는 대답으로 저 아랫녘 사투리 쓴다꼬 누가 뭐라카겐능교 안 잡아가이 밍기적밍기적 그냥 쓰소

오늘따라 뭉글뭉글 뭉개지기만 하는 내 입술

낚싯바늘에 꿰인 듯

동의어끼리 뭉그적뭉그적 뭉그러지는

골목에 고양이를 심는 까닭

외진 이 골목은 낮에도 어둡다
발자국의 무게를
무장해제하고 앞서가는 사람을 겨냥한다
더듬어 가는 길이 입구에서 깊다

이 골목에서는
등 돌리기 전에 절대 쏘지 않는다

딸꾹, 마른 목을 축인다

앞서갈 수도 없고 다시 돌아나갈 수도 없는
사정거리 안에서

등 돌리지 마!
힐끗거리지도 마!

골목과 골목, 굴절이 끝나갈 무렵
당겨버린 SOS 버튼

어둠이 한없이 가벼워 절박한

이 골목은 완벽하다
이십사 시간 고양이 발톱이 자란다

뜀콩나방* 유충

화단에
떨어진 콩알 하나가
저 혼자 알을 까고
배꼽을 묶더니
잎을 내고 대를 세운다
멀리 달아나는 줄기가 제 몸의 수백 배다
어느 틈에 허공을
두 바퀴쯤 뛰다가 멈춰 있다

육각형의 곁눈질 가만히 지켜보다가
키가 큰 꽃나무에 표식을 달아
둘레길 터주었다

더듬더듬 써내려가는 육필(肉筆)의 긴 문장
파릇파릇하다

저렇듯 온몸으로 파고들어야
누렇게 익은

시 한 편 나온다는 말도
찔러본다

떨어진 콩알 하나가 하루 종일
내 귓속을 콩닥콩닥 볶고 있다

---

* 멕시코산 관목 중 세바스티아니아속(屬, Sebastiania) 식물의 씨. 그 안에는 작은 띰콩나방의 유충이 들어 있다. 씨 안의 과육을 먹으면서 움직이는 유충의 모습이 마치 씨가 뛰어오르는 것처럼 보인다.

누대(累代)

벌레가 기어오른다
제 딴엔 뛴다
이깟 세상
발칵, 뒤엎으려다 살갗이 부풀고
가슴을 할퀸다
극단의 높이에서 휘청휘청
미열을 앓는다
이때, 벌레의 수심이 깊어진다
벌레들은 안다
멈추는 순간부터 간절해진다는 거
불안에 휩싸인다는 거
남은 근력 벌떡! 일으켜 세워야
바람에 밟히지 않는다는 거
물불 가리지 않고 몸 전체를 걸어야
세상천지 주름 잡을 수 있다는 거
없는 길 쫘악 펼쳐진다는 거

간극

페인트공이 줄에서 떨어졌다

아파트 외벽에서 세상과 소통하던 길이
눈 깜박할 사이 사라졌다

미처 펼치지 못한 날개인가

며칠째 부엌 창가에서
헤매고 있는 밧줄

거꾸로 매달린
찰나의 간극이

아찔한 한 줄의 유서가
세로로 새겨져 있다

시체꽃*

당신을 밀어내면서
시름시름 앓기 시작했네

꽃잎 그을리고 꽃술은 다 태우고
입술이 어두워지고 야위어가네
헤엄쳐 다니던 세상이 둘러친 법망처럼 나를
조여 오는 걸 몰랐네

괜한 짓이었어
얼굴에 곱게 분칠을 하고
쓸데없는 짓이었어
옷을 갈아입고 하냥 누군가를
세상에 불리던 순간부터 날마다
숨구멍이 상하기 시작했다는 것을
눈치채지 못했어

목을 좀 세우느라
꽂 꽂 꽂 꼿꼿이

얼마나 우습고 가소로웠겠어

벼랑 끝으로 몰린 불안이 피워낸
붉은 리본의 계보
세상을 입관하느라 마지막을 졸라매고 있어
유향 연기 피워 올리고 있어

---

* 시체 썩는 냄새를 풍기는 이 꽃은 7년마다 한번 필까 말까 할 정도로 보기 어렵고 개화 시간도 48시간밖에 되지 않는다. 전 세계 약 100여 그루만 남아 있어 멸종위기에 처한 희귀식물이다.

애(愛)쓰는 남자

아침 9시 반
어김없이 전화를 걸어 노크하는 남자
아니라고 끊으면
다시 전화 걸어 확인하는 남자
거듭 거듭 아니라고 하면
더 재촉하며 뛰어오는 말
아니라고 아니라고 했는데도
미덥지 않은 말을 채찍질하며
달려오는 그 남자
보일 리 없는 오른쪽 어깨가
때때로 내 왼쪽 어깨로 기대오는 남자
툭 밀어버릴 수도
꾸욱, 발등을 밟을 수도
눈총을 희번덕 날려 보낼 수도 없는
이제는 지겨울 만도 한데 점점 더
말굽이 단단해지는 남자

'종료' 버튼을 눌러놓고

이틀 만에 열어보면
다시 '시작' 하고 있는 남자
비행기 접어
꿋꿋이 날려 보내는 남자

이면도로

어제 걸었던 길
가끔씩 거꾸로도 걷는 길
길 끝 다다르면 파리바게트가 곧 보일 것 같은
두부 한 모가 아직 내 손바닥에서 따끈따끈거리는
꽈배기처럼 꼬인 전선들 새벽 모르고
전력 질주하는
달리기할 때 호각! 이곳에서
손 번쩍 들고 뛰기 시작했다는 말
듣자마자 그 길이 자꾸 넘어진다
펑펑 눈 오는 밤 한 잔씩들 걸치시고
앞뒷집 아재들 번갈아
넘어지시고 또 넘어지신다
그대로 노숙이라도 하셨는지
한겨울 시퍼런 복숭아 한 입,
발목에 걸려 있고 아재들 뒤엉켜
세상 가는 줄 모르신다
먹다 만 사과 한 알도
취한 목덜미에서 자꾸 밀어내신다

앞으로 앞으로 가려고 하면
뒤통수 잡아당겨 못 가게 만드는
등본 한 통 떼려다 기어이
불법주차 딱지 떼이는,
길이 사람을 꿀꺽 삼킨다
엊그제나 수십 년 전이나 어머니
우리 집에 올 적마다 코너 세탁소에서
묻고 또 물어야 하는
손끝 헷갈리게 하는 도로의 흐린 화살표들
속여도 속은 줄 모르는

휴면

굽이굽이 이 외진 저수지까지 찾아들었다 무심히 던져진 낚싯대와 어떤 의문의 뼛조각들이 발끝에서 밟힌다 토막이 남긴 소란스런 침묵들 안개가 스멀스멀 피어 비린내를 감춘다 저기 저수지 발치에 금고도 처박혀 있다 바람이 열쇠 구멍을 집요하게 파고든다 마치 비밀을 캐물으려는 듯 숨 막히는 고요가 입을 다물고 있다 언젠가 썩지 않는 어느 삶이 다 누설되고 말 저 얇은 귀퉁이, 수직의 관계 넘어서는 이 탱탱한 수평 모든 것 지켜본 오리나무, 목을 늘린 그림자만큼 죽음이 비틀려 있다 파고드는 햇빛을 밀어내는 저수지 건너편에 한껏 조여 무겁게 떠 있는 포대자루 하나 흉흉한 소문을 비스듬히 열어놓고 있다 주인 잃은 신발 한 짝 주변을 배회하고 있다 알루미늄캔은 유통기한이 임박했는지 윤곽을 버렸다 겹겹의 창에 신발 한 짝을 툭, 던지자 저수지 창이 와장창 깨진다 또 한 발이 마저 수장된다 늘어난 목록을 감추느라 흐릿한 창이 점점 어두워진다 사방 꼭꼭 감긴다 은폐된 어둠을 삼킨 수련이 어둠의 세력을 부풀리고 있다 아무렇지도 않게 요요히 손을 내뻗고 있다

제3부

감기

한눈팔던 봄날! 너는 내 손가락을 꽈악 물었지 악, 지르며 나는 너의 발가락을 깨물었지 한동안 얼얼했지 돋아나는 살점, 방관이 벌어진 틈을 견고하게 했지 농(膿)이 방언처럼 터지자 거실을 방을 탁자를 성이 나 뛰어다녔지 나를 너를 미친 듯이, 발갛게 농익어야 할 거리 아득하고 발가락과 손가락 사이 건너갈 무지개 꽃잎이 사라졌지 몇 개의 이빨자국으로 선명히 요약된 종지부, 거칠 게 없던 향방의 물꼬 뚜렷하게 긋고 갔지 잔잔한 바람의 영토에 화끈하게 입성한 마디마디 붉은 악필의 상형문자; 사랑이 그렇게 빠져나갔지

등나무 변주곡

한적한 공원 옆
등나무와 정자가 서로 끌어안고 있다

등나무가 두 허벅지 힘으로
정자 기둥을 한껏 조이고 있다

이 외설적 체위에 얼른 눈 돌려도
유혹적 몸짓에 자꾸 시선을 빼앗긴다

손도 없는 것이 발도 없는 것이

날리는 머리카락 매만지며
목덜미를 쓰다듬는가 싶더니 젖무덤을 파고든다
코도 없는 것이 저 몸도 없는 것이

서로의 호수에 살폿 빠져 바르르 떨고 있다
눈도 없는 것이 한 가닥 눈썹도 없는 것이

한 몸에 거느린 간절한
돌이킬 수 없는 체위,
맛도 모르는 것이 멋도 모르는 것이

긁는 곳마다 꽃을 피운다
촉각도 없는 것이 미각도 없는 것이

등꽃 잎사귀
발그레 흔들리는 뜻 모를 진동
귓불도 없는 것이 혀도 없는 것이

안구 건조증

당신이 내게로 왔다 간 일을 은폐하느라
내 몸으로 통하는 모든 길에
자물통을 채웠다
과거형일수록 무거워
나는 자주 슬픔은 꺼내 읽지 못한다
눈물이 실연의 어깨를 친다
콧잔등 타고
물컹한 목젖을 흘러내리는
당신은 4할 5푼의 젖은 독약
슬픔을 주체할 수 없는
당신 밖으로 별들이 미끄러진다
당신이 내게로 와
돌아갈 사랑을 잃었을 뿐인데
내 몸은 바짝 마른 강물의 형상이다
건조주의보다

사랑의 자세

작은 플로리캉 새가
겅중겅중 제자리뛰기를 하고 있다
제 몸보다 몇 배나 높이 뛰어올랐다가
날개가 채 접히기도 전에 비상한다
비상이 걸린 날개
위험에 노출된 이 숨찬 간극이 구애법이다
무성한 풀숲에서 풀보다 더 높이
더 깊이 제 심장을 쫀다
위험이 코앞일 수 있는데
적의 그물망이 두려울 만도 한데
제자리를 맴돌며 뛰고 또 뛴다
죽을 만큼 사랑해 보았는가
나는 대답할 입도 귀도 없다
온 허공이 새장인 것처럼 갇혀서
수백 번을 맹목으로 뛴다
수직낙하 충격 잊고
망가진 무릎으로 뛰고 또 뛴다

염병이라는 사원

눈만 뜨면
그 사내가 기르는 무수한 말의 열꽃

발에 차이는 깡통,
코 질질 풀리는 모자 같은

바느질하다 찔린 손톱 밑
스톱워치 같은

노화된 트럼프의 반복된
하지정맥류 같은

한겨울 내 빨랫줄에 매달린
꽁꽁 언 그네 같은

루비 사파이어 청금 홍옥
타지마할 대리석 묘궁에 새긴
코란의 경구 같은

제 눈 찔러대다 행간에 옮겨 붙은
신종 바이러스 숨구멍 같은

끝이 보이지 않는 사막에서
혼자 쉬어가는

애절한 창법 같은

……염병할

낮달

한 여인이 달 속으로 숨습니다

손가락 끝에서 시작되는

음소거가 점점 멀어집니다

머리카락은 들러리일 뿐

뒤쫓으면 얼굴을 감싸고 돌아서서

물기 가득 품은 무릎으로

캄캄한 시선으로

슬픔이 자갈을 품고

자꾸 미끄러집니다

나는 가끔 빈(貧), 배

한 천년 당신을 지나갔습니다

지웠는데

눈물자국 선명한

정말 대책이 없는 문장입니다 당신은,

내가 나를 보았는가

부릅떠도 볼 수 없는
고개를 돌려도 보이지 않고
뒤통수에도 없는
돋보기 너머 덩굴 속 지나
낱낱이 들킬 때
당신에게 나는
능금이었을까 타이어였을까

문장 안에 있을 때,
까르르 배꼽을 쥐었다가
펑펑 흘러내리던 사유의 눈물
빠져나왔을 때 뻘이었구나
빠진 몸을 추스를 때

마음이 먼저 가
어쩔 수 없었다는 다초점의 거짓말
교차로에 들어서면 울렁거리는 생각
게으른 횡단보도 지나

붉은 수수밭의 느린 어슬렁을
습기 가득한 뒷골목의 울먹이는 고요를
파벽돌을 비집고 드나드는 봄의 가시를
소리에 묻어가는 눈은,

부두

허기진 뱃구레 속으로 시퍼런 바다가 한가득 쏟아져 들어온다 빽빽이 차오르는 상자들 서둘러 경매장 生生 빠져나간다 연탄불 위에 올려놓은 한 두릅의 양미리 석쇠를 후끈, 달군다 굵은 소금 한 주먹 냅다 던지면 탄두를 뚫고 쏘아 올리는 불꽃 발칵, 철망을 뒤집는다 그쯤은 돼야 바다가 구워진다 뱃살 꼬실꼬실 혀끝 도는 양미리의 탄성, 머리뼈 푹 무르는 부둣가 뽀얗게 살이 오른다 백양호 통일호 선진호 늦은 귀항에 하품하며 뱃머리 들어 올리는 포구 오늘따라 눈이 쾡하다 돈줄 떨어져 나간 문어 빨판은 더 휑하다 바다로 난 길이 위험을 탑재한 밥이고 무덤인 줄은 다 아는 일 그럴수록 바다를 파먹어야 살아진다 사라져가는 하루를 막걸리 잔으로 채운 김 씨 비틀거리는 오줌발이 부축하던 담벼락을 사정없이 휘갈린다 먹다 지쳐 아무렇게나 눕는다 시장기 도는 작은 포구, 여전히 간절하다

보라색 꽃무늬 원피스

어머니 가시고 서랍을 열어본다
옷장 속 유품을 다 소각했다 싶었는데
구석자리에 보라색 꽃무늬 원피스가 접혀 있다
꽃무늬 옷이 입고 싶으면 아버지한테
전에 딸이 사서 보낸 건데 처음 걸쳐보는 거라고
잔잔한 안개꽃 같은 어머니가 유일하게 뒤집는 말
붓꽃인가 제비꽃인가 궁금해 물을라치면
번개같이 접어 서랍 속에 감추고
여자이기를 끝내 부끄러워했던
칠순 어머니 몸에서 여자가 사라져갔지만
늘 꽃으로 남고 싶던 어머니
비 퍼붓기 전에 콩부터 뽑자고 서두르면
채송화 둘러쳐진 콩밭 뒤뜰에서
콩보다 화사한 채송화에 더 시간을 쏟았다
우리를 바라볼 때는 그토록 강했던 어머니
뒤돌아섰을 때는 보랏빛 환한 여자였다

불편한 잠

감옥이다
안의 불타는 이불이다
불타는 이불이 밀어 올리는 뜨거운 창살이다

원통형으로 뒹구는 갇힌 내가 있다
낮은 바닥을 어깨로 받치고
종신형을 사는 곳
어깨가 뜨겁다
썩으면서 즐겁게 피어난다
오래된 율법이다
부패의 시작이다

부글부글 끓고 있는 잠을 찍어 먹어본다
잠이 나를 흘리고 있다
나와 내가 잠시 입술처럼 겹쳐진다
정리되지 않는다
낯선 발꿈치를 거침없이 문다
제 머리를 스스로 삼켜버린다

꿈틀거리는

깊숙한 식욕이다

밤을 굽다

막창을 굽는다
의자를 바싹 끌어당기며
꼬인 속을 풀어놓는다
등을 맞대고 안주 삼아 곱을 씹는다
달빛이 은장식을 하고
다들 경계 없이 붙어 앉은 포장마차
막창이 성찰하듯
뜨겁게 몸을 뒤집는다
가끔 얼굴도 모르는 대역죄인이
단두대에 오르면
속앓이 하던 나의 작은창자 곱도
덩달아 허옇게 씹힌다
새까맣게 그을린 이빨들
점점 고무줄처럼 늘어나는 혀
유착으로 달궈진 불판에서 막창이
별빛에 익어간다
시월의 마지막 밤이 지글지글 꼬여 간다

화개(花蓋) 9호선

유배라는 이름조차 고달픈 고향 오빠가 있었다
이마 주름이 뱃길만큼이나 많은 사연을 듣다 보면
텅 텅 벽에라도 부딪고 싶다
물 한 잔에도 쉬이 취한다

강화도에서 선사시대를 빠져나오려면 괸돌 앞에서 턱 괴고 앉아 한참을 졸아야 한다 그래도 깨어나지 못하면 안평대군 임해군 광해군 능창대군 숭선군 익평군 기센 조선 권력들의 적의 가득했던 교동도 강물들 물길 싸움을 보아야 한다

왜 바람은 늘 뱃머리를 흔들고
사랑은 사람을 흔들며 실랑이하는 것인지……

섬을 벗어나려고 화개 7호선보다 넓고 아늑한 화개 9호선을 탔다
마음 흐드러지게 피우며 돌아오는 화개선
유배 하루 만에 석방되어 나가는 나는,
여전히 포승줄을 묶으며 평생 유배지로 돌아가고 있고

기억 한 눈금

뒷방 상자 속, 어릴 적 사진을 보다가
꽃 구슬 달린 사진틀, 마름모에 끼어 있는 아버지
이제야 기울어 있는 어깨가 한눈에 보여요
밀리어 치어 가는 뼈대로 중심에 서 있는 아버지
엉성한 무릎을 들여다봐요
얼굴 기억도 없는 내 할아버지가 있었듯이
내 아이의 아이들은 필름 속
할아버지도 알아보지 못하겠지요
내가 창고에서 기억을 주웠듯이
내 얼굴에도 아버지처럼 리본 액세서리 붙여졌다가
먼지 걷어내는 날 가볍게 떼어져
굴뚝 너머로 사라지는 날이 오겠지요
때 지난 등록금 청구서처럼 어른대는 그림자를 도려내요
소각 가능한 봉투에 분리하다가
떨리는 자신으로 기억을 만져요
가득 쌓여 있는 아버지 사진 위에
덜컥, 내 얼굴이 포개져요
가만 가만 나를 기울여 아버지를 털어내요

아늑한 셈법

배부른 강아지 풀밭 굴러다니듯
아이가 뒹굴며 산수 문제를 풀고 있네
손가락을 폈다 오므렸다
버렸다 찾아오며
열 손가락에 감겼다 풀어지는 하루

왼손으로 안 되면 오른손 합쳐
부처 앞에 두 손 합장하고
절 올리던 젊은 어머니처럼
그 어진 손바닥이 해결사네

미운 네 살 아이
키득키득 아라비아 숫자처럼 웃네
고 녀석 머리쯤 되면 풀지 못할 게 없지
복잡한 세상 꼬일 게 없지
오늘 문제없다 문제없어

녹색 손톱

낙화가 있어 절벽을 꿈꾼다지만
죽어서 죽을 수 있다면
천운이지

전생을 걸어둘
부러진 못 하나 없었던 거지

어둡고 습한 얼굴을
실낱같이 붙잡은
추락!

푸릇푸릇
손톱 밑
황금 얼굴이 녹슬 때까지
당신에게 푸른 손톱을 박았다

제4부

품

먼발치에서 하늘다람쥐가 새끼를 눈으로 핥고 있다 따스한 눈빛을 끌어다 덮은 새끼 다람쥐가 졸고 있다 산목련 나뭇가지 옆구리가 파르르 떨린다 어미가 누군가를 향해 눈 화살을 쏘더니 잽싸게 새끼를 물고 달아난다 일순간 하늘이 푸른빛으로 찢어지고 구렁이의 날름거리는 혀가 들통 난다 저도 모르게 날을 세운 등뼈와 발톱을 더듬어보는 어린 눈꺼풀, 어미와 밀착되어 겪는 결행의 순간이 생의 결기이고 동력이다 어미의 잿빛 숨결 무늬 그대로 폐부에 새겨진다 한 움큼 빠져나간 숲이 헐떡거리다 다시 초록으로 돌아온다

봄볕

봄볕이 온다
오그라든 손가락을 펴며
흩어진 머리카락 빗질하며 온다
누렁이 축 처진 어깨를 쓰다듬으며
달동네 담장 디딤돌 삼아 온다

나 몰라라
하늘로만 치솟는 십자가를 기록하며
골목 길고양이 떨고 있는 마음 부축하며
가만가만 온다

댓돌 위에 뒤집어진 신발 신었다 벗었다 하며
깜빡깜빡 졸고 있는 내 겨드랑이 간질이며 온다

노랑 연두 분홍 입술 데리고 온다
집 나온 민달팽이 걸음걸음 눈 맞추며 간섭하며 온다
고즈넉한 내 우물 들여다보며 온다

세상 모든 그늘
여백 없이 밀어내며 온다

골짜기가 붉다

엄동설한 시퍼렇게 맥이 툭! 툭! 뛰고 있는 붉은 소나무를 보면 팔뚝에 속곳 고무줄이라도 질끈 묶어 십팔 게이지쯤 되는 잎 진 호랑가시로 뜨겁고 진한 수액 몇 병 받아두고 싶네 이빨 득득 부딪치며 겨울밤 지새는 저 바람 볼기짝에 주사하면 엉덩이에 불이 날까 뿔이 날까 북풍한설 지나가면 골짜기 안개연기 구물구물 피워 올리겠지 물가에서 햇살은 유리조각 치우느라 조심스레 싸리 비질해대겠지 비몽사몽 눈을 뜨는 고엽들도 텃새처럼 벌떡 일어나고 비질 소리에 놀라 골짜기 그득하겠지

가을, poor

강변 풀숲 동안거에 드는 벗어놓은 발이 수천 족이다 강경일색(强硬一色) 직진을 일삼던 강물이 보폭 수정하며 지친 발걸음을 제 몸속으로 옮기는 때 날숨들숨 뒤섞으며 푸어 푸어 서둘러 시작된 집짓기 철 눈치채지 못하는 누군가의 비밀, 거미줄처럼 흘러들어 둥지 환하게 흘레붙은 문풍지 탱! 탱! 바르는 햇볕 사이로 저녁답 벌레들 담장 곧추세우고 털옷 짓느라 바람을 타래로 감아대는 들녘 허리를 아래로 아래로 굽히기만 하는 전세 월세 걱정 없는 훈훈한 강변 들판

파이네페르네페르

박물관에 갔다 독경 소리인지 성서의 시편인지
거대한 숨결 따라가는 길이 몽롱하다
한차례 폭풍처럼 무성한 밀림, 아이들이 지나가고
귓바퀴 따라가는데 앞서가는 사자 갈기가 없다
나는 무슨 비밀 전언이라도 훔쳐 읽은 듯,
두리번거리며 행렬을 따라간다

혀를 이빨 속에 감추고 권력에 취해 위풍당당
건드릴 자 없는 파이네페르네페르
소지처럼 올려지던 스카라베 부적
욕망의 달콤함이 층층 껍질 속에서 익어가는
누가 권력에게 혐의를 씌울 수 있는가

올빼미를 닮아 낯빛은 천연덕스럽고
욕망은 사자성 밖에서 풍요롭다
폭식자 오시리스 궁전에 사자 배설물 홍건하고
사막의 태양 속으로 바람의 행상 속으로
흙먼지만 날아온다

영원불멸의 이 감칠맛 나는 갈기 없는 사자의 털
자꾸 입술에 들러붙어 떨어지지 않는다

파이네페르네페르* 일가(一家)
영혼의 무게를 재던 사자(死者)의 서(書) 1행
격자무늬 그리며 잠언 속으로 흘러 들어간다
과연 나의 죽음은 누가 어떻게 기록해줄까?
붉은 나의 꼬리는

---

*고대 이집트 서기: 문자를 쓸 수 있는 사람이 극히 적었기 때문에 서기는 이집트 사회에서 사제나 고관에 버금가는 명망과 권세를 누림. 이 독점적 지위를 유지하기 위해 폐쇄적으로 자식에게만 전수함. 오늘날 기록이나 구전으로 전해지는 광범위한 이집트 문명은 이들에게서 이루어졌다 해도 과언이 아님.

스르르륵

뱃속에 살고 있는 뱀 한 마리
스스로 비늘 찢고 똬리 풀어야
한 몸 물큰 빠져나갈 수 있을 텐데
걸음걸음 까마귀 핥고
마디마디 늑대의 그림자 짙네
고상하게 뒤로 물러설 수도
속되다 함부로 나갈 수도 없네
스스로 혀를 물고
담아두었던 속엣말 불쑥 내뱉네
캄캄한 토굴에서 탈주를 꿈꾸네

뱀 한 마리
흑빛이 되어 사라지네
때맞춘 버스와 소나기
침묵으로 일관하던
내 오래된 환부가
빗길 요철 속으로 미끄러지네

고산병

어떻게 저 조막만 한 손바닥으로 푸른 꿈 놓지 않고 있었을까 허우적거리던 허공에 그물질을 했을까 바람이 쪼개놓은 돌 틈 사이로 담쟁이들이 기어가고 있다 족보도 없이 박힌 돌만큼이나 당당하고 끈질기다 해발 삼천 미터 고지 바람이 바람을 낳아 기르는 설산(雪山) 산비알, 어질어질 정신줄 놓고 있는데 나시족* 거무튀튀한 낯달이 조롱하듯 따라온다 점점 부풀어 오르는 심박동, 행여 흐트러질까 막바지 디딜방아 찧듯 조심조심 딛고 있다 몽롱한 보폭을 채근하는 낡은 풍선 목을 거느린 허파는 토를 견디느라 입술 파르르 떨고 있다

---

* 티베트 소수민족.

노이즈 닷컴

화장실을 뜯어고치겠다고
윗집에서 시간과 일정을 벽보에 붙였다
명분 있는 통보
엊그제 깍듯하게 건너온 엘리베이터 미소
이제야 턱밑까지 해석된다
뜯고 파내고 던지고 부수고
드릴드릴 한여름을 뚫는다
두통도 한통속
아래윗집 따로 아니라는 걸 잊었다
깔고 덮고 뒤집어써봤자 이미
입 맞춘 뒤
소리의 일대기가
종일 홈통 속에서 물보라 타전한다
뭔가 상(像)이 잡힐 만하면 들이대는 노이즈
시시(詩詩)할 때 되새기는 정신이여
골머리 들쑤시는 쑥대밭 가로지를
바람의 입구가 보이지 않는다
방류를 앞두고 그대로 수몰된다

내 안에 혹등고래

긴 수염이 물속을 달군다

봉만이

금신당 옆 좁은 골목에는
장애수당이 전부인
잉어빵 파는 봉만이가 있다
핏기 없는 얼굴에 푹 꺼진 눈
잉어빵 구울 때만큼은
팥고물 팔딱팔딱 넘친다
잉어 비늘 하나라도 다치지 않게
조심조심 뒤집고 뒤집어
통통해진 잉어가 입을 벌름거리면
덩달아 봉만이 코도 벌름벌름
어부 맘 봉만이의 겨울이 뜨거워지는 때다
사람들이 시도 때도 없이 봉만이를 불러댄다
정말 복(福)이 많이 굴러올 것 같아서
새해 벽두부터 이리저리 봉만이를 던진다
시의원 꿈꾸는 금신당 아주머니가 건네준 복주머니
줄어든 봉만이의 장애수당 수북수북 늘어나도록
이웃들 봉만이를 볼 때마다
복 많이 복 많이 애송을 한다

돈나무 픽업되다

용달에 돈나무가 실려 간다
낡은 등허리에 얹혀
녹녹(綠綠) 떨어지는 비를 맞고 언덕을 넘는다
인력시장 주변을 쭈볏거리다
막판 봉고에 끼어가는
일용직 노무자처럼
입 꾸욱 다물고
픽업되어 가는 돈, 나무
몇 조각 햇볕이
울컥! 뒤통수에 따라 붙는다
돈돈돈돈
자갈 물린 아득한 희망
이빨 사이에 끼고
하루를 팔러 간다

귀향

멀리 나갔던 배들이 입항하는 날 아침부터 술렁거리네 갈매기 떼 입 푸느라 비릿한 부둣가 침통하기만 했던 만리장성 뒤꼍이 햇빛으로 오글거리네 오랜만에 수의(囚衣) 벗고 돌아온 아들에게 울먹울먹한 두부 잘라 먹이며 "귀신은 워디 간겨 이 육시랄 놈 안 잡아가고" 악다구니 거칠게 닦아내는 손수건 정오의 햇살 같은 중국집 아줌마 속내, 아픈 이빨 끌어안고 있는 잇몸인 줄 몰랐네 일찍 문 닫은 중국집 뜰 이제야 뒤틀린 식탁의 귀가 꼭 맞네 만 리 길 캄캄하게 달려온 그믐달 한밤중 입을 여네 사다리 없어도 훤히 들여다보이네

성냥

슈퍼로 들어서는 골목
PC방을 빠져나온 생전 처음 보는 초딩이
불쑥, 오천 원을 내민다
"아줌마 담배 한 갑 사다줘요"
말복의 한낮, 공기압이 일격필살(一擊必殺)의 버튼을 누르며 골목을 부풀리는 저 초딩
초점 잃은 눈빛들 입속 가득 처넣은
쥐도 새도 먹어버린 포커페이스이다
벤자민 버튼의 시간여행이라도 한 걸까
대체 어떤 그늘 어떤 태풍이 저 초딩의 안쪽을
치명적으로 굽이쳐 지나간 걸까
대가리에 유황 가득 발라놓은 것 같은 저 초딩이
어린 것을 하수인으로 거느린 골목길이
긴 가뭄에
한 다발 쌓아놓은
성냥 같은

앞뒤가 안 맞는다고요?

독거노인 김칫독 채워주러 다니며 함께 동무하던
삭힌 양념들이 푸릇 살아나던 날
연탄불 앞에서 오그라드는 말굽을 구우며
오십 대 여자 둘이, 기름집에서 옥신각신하고 있다
— 니 나 못 믿나?
— 베라묵을 넌 니도 나 못 믿잖아?
말 같지도 않는 소리, 말굽에 거푸집을 짓고 있다
참기름 값을 막 치렀다는 여자와
대가를 받지 않았다는 여자가
참을 내세워 기름 값에 불을 지핀다
— 문디년 암만 캐도 그라문 안 되제
— 금방 돈 받은 기억도 못하노, 니 대갈박도 다 됐다
막말 토막말에
활짝 담을 넘던 참깨 꽃 들깨 꽃이 그만 시들해진다
전대를 뒤적거리다가 혼잣말로
— 이기 다 토낀 영자년 탓이다
— 맞다, 수십 년 우라 먹고 도망간 세월 탓이다
한 치의 양보 없이 갈기 없는 말을 몰아세웠으므로

말굽에 밟혀 속 다 들여다보인 말들이 그만
평퍼짐하게 눌러앉는다

그래사막

한가로운 식탁 위의 미지근한 주전자
나무늘보의 걸음걸이로 햇살이 창문턱을 넘어온다
깨진 소금 항아리에서 새어 나온 간수는 세탁기 쪽으로 얼룩얼룩 알아서 긴다
부글부글 끓기를 기다리던 시간이
불어터진다
올망졸망 모여 있는 화분들이 몇 날 며칠 기침을 해대더니
어느 날, 가슴이 볼록 나온 핑크빛이다
나는 괜히 시큰둥해져서 늘어진 괄약근을 잔뜩 조인다
헉 초인종 소리에 툭, 터져버린다
미세먼지에 갇힌 돼지가 커피에 빠지기 쉬운 날
나는 따끈한 일인분의 사막
오늘도 소파에 누워 반복재생 돌려보는 동물의 왕국,
발이 푹푹 빠지는 거실

해설

휴머니즘의 우울한 복원력과 무의식의 지평
—김상숙론

진순애 문학평론가

현대는 인간이 소외된 탈휴머니즘의 시대를 건너고 있다. 건너고 있으므로 조만간 인간이 인간으로서 본연의 자리에 회귀할 것으로 전망하자. 그럼에도 아직은 인간에 의한, 인간에 대한 예의가 실종된 현실이며, 인간에 대한 예의가 실종된 자리를 물질문명에 대한 예의가 차지하고 있다. 현대의 우리가 잃어버린 것들 중에서도 기본 중의 기본이자 전부라고 할 수 있는 인간에 대한 예의를 잃었으므로 현대는 인간에 대한 온정도 사랑도 휴머니즘도 잃어버린 우울한 시대인 것이다.

잃어버렸으므로, 현대의 우리에게 직면한 과제는 잃어버린 것을 되찾아야 하는 데 있을 것은 자명하다. 이는 자연으로서 인간에게 내재한 본질적인 깨우침의 목소리다. 시에서 이러한 깨우침의 목소리를 만나면서 우리는 우리의 반성하는 목소리를 듣는다. "반성하지 않는 삶은 살 가치가 없다"는 소크라테스의 언명처럼 반성을 일깨우는 시의 환기력은 이 시대, 시가 지닌 본연의 역할일 것이다. 그것은 시의 인문학적 환기력이자 휴머니즘의 환기력인 까닭이다. 김상숙의 시들은 바로 이와 같은 지점에서 인간에 대한, 무엇보다도 소외된 인간에 대한 온정의 시선으로 인간에 대한 예의와 사랑과 경의를 보내고 있다. 그것은 우선 탈휴머니즘의 시대인 까닭에 우울한 복원력을 환기하면서도 궁극에는 자연의 품에 안착하는 생명력의 복원에 이르고 있다.

어릴 적 산수시간
삼각형 사각형 다각의 뿔 달린
선을 그려나가다 보면
무덤처럼 닫히던 도형이 슬펐다

심장 속
스키드마크처럼 줄이 그어지던 폐곡선에
죽은 언니가 살고 있었다

—「슬픈 도형」 전문

김상숙의 시심이 개인적 차원으로는 어디에서 기인한 것일까? 그것은 혈육의 죽음에 있으며, 이는 김상숙의 무의식적 심층을 차지하고 있다. 그의 시집 첫 페이지에 게재된 「슬픈 도형」이 '스키드마크'처럼 김상숙 마음의 현재이자 그의 시심의 출발선임을 안내한다. 이율배반적이게도 슬픔이 있어서 혹은 측은지심으로 인해 인간은 온정적인 휴머니즘을 유지하며 관계 맺는 인간으로 존재함을 새삼 확인하게 하는 김상숙의 무의식적 심층이다.

캄캄해질 수 없어 다시 새벽은 오고 내 발자국 소리를 듣고 자라나는 골목이 발목을 친친 감는다 사람들을 국숫발처럼 빨아 당겼다가 동이 트면 사람들을 토해내는 골목, 아침이면 구겨진 얼굴을 다시 다림질하고 출근을 하는 골목, 감전을 일삼는 전깃줄 저릿저릿 놓아버린 전봇대 고이 묻어주고 얼굴 없는 사람도 품어주는 골목, 심심할 때는 지붕 위에 고양이를 하늘로 쏘아 올리는 골목, 돌아올 사람 보이지도 않는 밤 건널목에 핀 조명 쏘며 애태우는 골목, 엄동설한 얼음을 품고 들어온 사람들 봄이면 연두 잎들 새알처럼 터져 분홍이 되는 골목, 이삿김 즐밍즐밍 보내고 좁은 소방도로에 노란 선이 되어주는 골목, 불길한 발음흉하게 들이밀면 컹컹 물어버리는 골목, 치매에 걸려 자주 길 잃은 미숙이 할머니 질문을 다 받아주는 골목, 우울한 계절 같은 눈높이로 나의 배후가 되어주는 작은 나의 골목

—「골목의 깊이」 전문

거대 도시 공간에서 소외된 골목은 소외된 인간의 거리를 혹은 인간의 자리를 상징한다. 그럼에도 그 소외된 자리가 생명의 공간으로 변환하기도 하는데, 그것은 "다시 새벽은 오고 내 발자국 소리 듣고 자라나는 골목"이라는 지시처럼 김상숙의 온정적 발자국 소리와 함께하는 까닭이다. '사람들을 국숫발처럼 빨아 당겼다가 동이 트면 토해내는, 그리고 아침이면 구겨진 얼굴을 다시 다림질하고 출근하는 골목' 풍경에 대한 김상숙의 온정적 시선 때문인 것이다.

외지고 볼품없는 골목일지라도 '얼굴 없는 사람도 품어주고, 지붕 위에 고양이를 쏘아 올리며, 엄동설한 얼음을 품고 들어온 사람들이 봄이면 분홍이 되게 하며, 치매에 걸려 자주 길 잃은 미숙이 할머니 질문을 다 받아주며' 삶의 깊은 샘으로 살아난다. 그 볼품없는 공간에도 사랑이 숨 쉬고 있어서 그러하며 인간에 대한 예의와 경의가 살아있어서 그러하다. 또한 그것은 무엇보다도 '우울한 계절에 김상숙의 배후가 되어주는 작은 공간'으로 버티고 있는 온정의 골목이라서 그러하다. 때문에 그 골목의 깊이는 소외된 인간들의 삶의 깊이이자 김상숙의 외로움의 깊이를 은유한다.

강원도 홍천 지나고 내면 지나

허름한 산골 가게
언제 열고 닫는지
깨진 창문에 비뚤비뚤
장난치듯 써 있는 이름
구·멍·가·게
구멍들은 오래된 온기를 품고 궁금하다
바람이 바람을 빠져나오느라 입술 부르틀 때
소문이 가랑이 사이를 물고 늘어질 때
혼자된 여자가 조그만 구멍을 열며 닫으며
허리춤을 팔았다고는 하나
낙엽이 보았다고는 하나
한 번도 구멍 밖을 나오지 않았다는 것도
떠도는 것이기는 하나
낭설이 구멍을 꽉 채운 뒤다
빗줄기에 젖은 채,

—「구멍가게」 전문

소외된 인간들이 운집해서 살고 있는, 그리고 점차 대도시의 화려한 풍경 속에서 사라져가고 있는 골목의 풍경처럼 구멍가게의 운명 또한 그러하다. 구멍가게란 거대 도시 공간에서 이미 사라져버린 것들의 대명사나 다름없는 것이다. 한때는 친근했으나, 이제는 그 이름조차 낯설어져 버린 구멍가게에 머문 김상숙의 온정이 사라져가는 풍경들을 따뜻하게 회복시킨다. 그럼에도 그것은 휴머니즘의 우울한 복원력 속에 내재한 온정이라는 이유로써 우울한 현대를 상징하는 풍경이다.

지금은 아마도 산골에서나마 그 허름한 명맥을 유지하는 구멍가게는 “깨진 창문에 삐뚤삐뚤/장난치듯 써 있는 이름”으로 자리한다. 그 구멍가게의 깨진 창문들이 오래된 온기를 품고 세상을 향해 궁금증을 선사하는 외로운 휴머니즘을 대신한다. ‘혼자된 여자가 허리춤을 팔았다고는 하나, 낙엽이 보았다고는 하나, 한 번도 구멍 밖을 나오지 않았다는 것도 낭설’인 구멍가게의 내력이 그 구멍가게를 꽉 채운 궁금증의 진원지이자 휴머니즘의 진원지로 살아있는 전설이 되고 있다. 빗줄기에 젖고 있는 구멍가게가 혹은 그 구멍가게의 낭설이 화려한 대도시 풍경 뒤로 사라져버린 휴머니즘의 상징적 풍경으로 외롭게 자리하고 있는 것이다.

페인트공이 줄에서 떨어졌다

아파트 외벽에서 세상과 소통하던 길이
눈 깜박할 사이 사라졌다

미처 펼치지 못한 날개인가

며칠째 부엌 창가에서
헤매고 있는 밧줄

거꾸로 매달린
찰나의 간극이

아찔한 한 줄의 유서가
세로로 새겨져 있다

—「간극」 전문

거대 자본 도시의 욕망을 대변하는 마천루의 아파트에서 한 줄의 밧줄에 매달려 아파트 벽에 페인트를 칠하는 페인트공은 위험과 외로움과 소외를 대변하는 현대의 우울한 풍경이다. 아파트 벽에 매달린 페인트공의 생명을 유지하게 해주는 한 줄의 밧줄은 그의 생명의 동아줄이자 그의 인생이며 그의 가족이고 그의 전부이다. 한 줄의 밧줄에 매달려 "아파트 외벽에서 세상과 소통하던 길이/눈 깜박할 사이 사라"지는 간극이 빚은 비극의 순간에 페인트공의 전부가 소멸한다. 때문에 '세로로 새겨진 말없는 한 줄의 유서'로 아파트 벽에 매달린 한 줄의 밧줄은 거대 자본 앞에서 단 한 번의 항변조차 없이 스러져 간 페인트공의 비극적 인생을 은유한다.

이와 같은 양태가 어찌 아파트 벽에 한 줄의 밧줄로 매달린 페인트공뿐이겠는가. 현대가 간극이라는 찰나 속에 이승과 저승을 오가는 아슬아슬한 줄타기와 같은 구조로 직조된 것을 또 하나의 특징으로 하듯 현대의 우리는, 물질적 예의 뒤로 사라져버린 것들, 곧 우리가 잃어버린 것들의 운명처럼 찰나와 같은 간극 속에 인생을 맡긴 채 외줄타기를 한다. 그러하듯 「간극」은 거대 자본 앞에서 숨죽인 채 외줄을 타야 하는 현대의 소외된 풍경을 비극적으로 은유한다.

금신당 옆 좁은 골목에는
장애수당이 전부인
잉어빵 파는 봉만이가 있다
핏기 없는 얼굴에 푹 꺼진 눈
잉어빵 구울 때만큼은
팥고물 팔딱팔딱 넘친다
잉어 비늘 하나라도 다치지 않게
조심조심 뒤집고 뒤집어
통통해진 잉어가 입을 벌름거리면
덩달아 봉만이 코도 벌름벌름
어부 맘 봉만이의 겨울이 뜨거워지는 때다
사람들이 시도 때도 없이 봉만이를 불러댄다
정말 복(福)이 많이 굴러올 것 같아서
새해 벽두부터 이리저리 봉만이를 던진다

시의원 꿈꾸는 금신당 아주머니가 건네준 복주머니
줄어든 봉만이의 장애수당 수북수북 늘어나도록
이웃들 봉만이를 볼 때마다
복 많이 복 많이 애송을 한다

—「봉만이」 전문

금신당과 좁은 골목의 대비는 금은보화로 빛나는 자본의 물결과 자본에서 소외된 가난한 풍경을 비유적으로 대비한다. 이와 같은 대비는 시의원 꿈꾸는 금신당 아주머니와 장애수당 받으며 잉어빵 구워 파는 봉만이의 대비를 비유하는 데서 비롯된다. '복 많이'와 동음이의어로써 '봉만이'는 '복 많이'를, 혹은 '복 많이'는 '봉만이'를 은유하지만, 그것은 외연의 은유일 뿐, 내포된 세계는 '돈 없는' 나아가 '복 없는' 의미를 함축하는 '봉만이'이므로 금신당과 대비적 관계로써 소외가 심화된다.

그럼에도 "이웃들 봉만이를 볼 때마다/복 많이 복 많이 애송을" 하는 것을 의심할 필요는 없을 것으로 보자. '마음이 가난한 자는 복이 있다'고 하였으므로 그러하다. 그러나 그러면서도 그에 대한 의심의 마음이 온전히 소멸될 수는 없는 일이다. 자본주의 사회에서 '복'이라는 말은 '돈·물질·자본·금은보화' 등과 동궤이므로 붕어빵 팔아 금신당의 주인이 되는 복 많은 봉만이를 쉽게 상상할 수는 없는 까닭이다. 때문에 '복 많이'와 '봉만이'의 동음이의적 은유가 풍자로 빛나면서 소외된 풍경을 더욱 심화시키고 있다.

> 허기진 뱃구레 속으로 시퍼런 바다가 한가득 쏟아져 들어온다 빽빽이 차오르는 상자들 서둘러 경매장 生生 빠져나간다 연탄불 위에 올려놓은 한 두릅의 양미리 석쇠를 후끈, 달군다 굵은 소금 한 주먹 냅다 던지면 탄두를 뚫고 쏘아 올리는 불꽃 발칵, 철망을 뒤집는다 그쯤은 돼야 바다가 구워진다 뱃살 꼬실꼬실 혀끝 도는 양미리의 탄성, 머리뼈 푹 무르는 부둣가 뽀얗게 살이 오른다 백양호 통일호 선진호 늦은 귀항에 하품하며 뱃머리 들어 올리는 포구 오늘따라 눈이 퀭하다 돈줄 떨어져 나간 문어 빨판은 더 휑하다 바다로 난 길이 위험을 탑재한 밥이고 무덤인 줄은 다 아는 일 그럴수록 바다를 파먹어야 살아진다 사라져가는 하루를 막걸리 잔으로 채운 김 씨 비틀거리는 오줌발이 부축하던 담벼락을 사정없이 휘갈린다 먹다 지쳐 아무렇게나 눕는다 시장기 도는 작은 포구, 여전히 간절하다
>
> —「부두」 전문

바다와 육지를 이어주는 경계의 부두가 바다와 육지를 오가며 배회하는 떠돌이의 삶을 상징하면서도, 부두는 육지보다는 바다로 향하는 삶의 공간이다. 그러하듯 망망대해의 바

다를 제유하는 부두는 외롭고 쓸쓸하고 서럽고 위험하고 정처 없는 삶의 공간이다. 부두의 삶은 "바다로 난 길이 위험을 탑재한 밥이고 무덤인 줄은 다 아는 일"이므로 첨단 문명사회에서 외면당해야 할 세계일 것이다. 그럼에도 바다가 아니면 생존의 가능성조차 가늠할 수 없는 삶이 있으므로, 누군가에게는 여전히 '바다를 파먹어야 살아지고, 먹다 지쳐 아무렇게나 누워도, 뿐만 아니라 시장기 도는 공간일지라도 간절한 삶의 공간'일 수밖에 없는 비극적 세계이다. 김상숙의 온정의 시선이 역설적이게도 '부두의 외롭고 쓸쓸하고 서럽고 위험하고 정처 없는 삶'을 더욱 강화시키면서 휴머니즘의 외로움도 깊게 한다. 휴머니즘의 깊이가 깊을수록 외로움의 깊이 또한 더욱더 깊어지는 현대의 아이러니한 역설 앞에서 김상숙 시의 우울한 복원력이 외롭다.

> 멀리 나갔던 배들이 입항하는 날 아침부터 술렁거리네 갈매기 떼 입 푸느라 비릿한 부둣가 침통하기만 했던 만리장성 뒤꼍이 햇빛으로 오글거리네 오렌민에 수의(囚衣) 벗고 돌아온 아들에게 울먹울먹한 두부 잘라 먹이며 "귀신은 워디 간겨 이 육시랄 놈 안 잡아가고" 악다구니 거칠게 닦아내는 손수건 정오의 햇살 같은 중국집 아줌마 속내, 아픈 이빨 끌어안고 있는 잇몸인 줄 몰랐네 일찍 문 닫은 중국집 뜰 이제야 뒤틀린 식탁의 귀가 꼭 맞네 만 리 길

캄캄하게 달려온 그믐달 한밤중 입을 여네 사다리 없어도
훤히 들여다보이네

—「귀향」 전문

귀향은, 특히 거대 자본의 도시 공간에서 자연공간으로의 귀향은 소외되어 우울을 낳는다. 자연은 거대 자본에서 소외된 세계이므로 그러하며, 현대의 중심적인 삶이란 도시 공간에 있으므로 그러하다. 때문에 현대에서의 귀향은 상처 입은 타향살이에서 치유를 위한 그리운 고향으로의 회귀라는 의미와 함께 소외를 은유한다. 그러면서도 귀향은 인간뿐만 아니라 모든 동물의 최후의 행위라는 보편성 또한 내재하고 있다. 태어난 곳을 향한 회귀의식이 동물의 보편적인 본능이자 본질적인 행위인 것이다. 때문에 김상숙의 「귀향」은 일차적으로는 현대의 비극적 귀향을 은유하면서도 다중적인 의미를 내재하고 있다.

현대의 비극적 귀향으로서 김상숙의 「귀향」은 표류하는 바다에서 육지에 안착하는, 곧 부두에의 정박이라는 귀향이다. 그것은 상처 입은 타향살이에서 그리운 고향으로의 회귀와 같은 현대의 소외된 귀향이다. 표류하는 바다에서 안정적 공간인 육지로 회귀하는 귀향은 치유의 세계인 고향으로의 회귀와 같다. 안식의 공간을 향한 귀향인 것이다. 그럼에도 그 안식의 귀향은 바다에서 지친 삶을 내재한 귀향이라서 소

외된 현대의 풍경을 내포한다. 거대 자본의 도시 공간에서 자연공간으로의 귀향처럼 소외된 현대의 풍경으로서 귀향인 것이다.

먼발치에서 하늘다람쥐가 새끼를 눈으로 핥고 있다 따스한 눈빛을 끌어다 덮은 새끼 다람쥐가 졸고 있다 산목련 나뭇가지 옆구리가 파르르 떨린다 어미가 누군가를 향해 눈 화살을 쏘더니 잽싸게 새끼를 물고 달아난다 일순간 하늘이 푸른빛으로 찢어지고 구렁이의 날름거리는 혀가 들통 난다 저도 모르게 날을 세운 등뼈와 발톱을 더듬어보는 어린 눈꺼풀, 어미와 밀착되어 겪는 결행의 순간이 생의 결기이고 동력이다 어미의 잿빛 숨결 무늬 그대로 폐부에 새겨진다 한 움큼 빠져나간 숲이 헐떡거리다 다시 초록으로 돌아온다

—「품」 전문

품은 자연이고 대지이며 모성이고 사랑이자 순수의 본능적 본질을 상징하는 세계이다. 또한 자연은 만물 생존의 근원적인 품이고 이성을 품은 대지로서 만물의 고향이다. 새끼를 품은 어미의 품과 같은 근원의 고향이자 본능의 본질적 세계인 것이다. 본능적 사랑의 품이 있어서 어린 새끼는 생명을 보존하고 종족을 보전한다. 동물은 어미의 본능적 사랑의 동력으

로 그 존재성이 보전되는 것이다. 어미의 품속에는 새끼가 있고 적도 있다. 적이 있어도 그 적은 어미의 결연한 품의 힘 앞에서 소멸된다. 그것이 새끼를 보호하는 어미의 품이자 어미의 품이 지닌 무한한 생명력이다. 만물이 존재하는 근원적인 생명력에 이른 김상숙의 보편적 무의식이 개인적 무의식의 지평을 확장하고 있다. 회귀의식에서 비롯된 보편적 무의식이 우울한 복원력을 생명력의 복원으로 확장시키고 있는 것이다.

반성하지 않는 삶은 가치가 없으므로, 혹은 반성하지 않는 삶은 인간으로서의 삶을 포기한 것이므로 품은, 자연은, 대지는, 모성은, 사랑은, 예의는, 본능은, 그리고 우리의 무의식적 심층은 우리를 반성하는 삶으로 유인하는 본질적인 힘이라는 사실을 새삼 확인하게 하는 김상숙의 목소리다. 김상숙은 거대 자본의 도시 공간에서 소외된 풍경으로 휴머니즘의 복원력을 그리면서도, 궁극에는 보편적이자 본질적인 세계에 이른다. 그것은 휴머니즘의 우울한 복원력이 생명력의 복원에 이를 것임을 신뢰하는 김상숙의 무의식적 심층이 자아내는 본능적 사랑 때문이다.

이 도서의 국립중앙도서관 출판시도서목록(CIP)은 서지정보유통지원시스템 홈페이지(http://seoji.nl.go.kr)와 국가자료공동목록시스템(http://www.nl.go.kr/kolisnet)에서 이용하실 수 있습니다.(CIP제어번호: CIP2020029467)

문학의전당 시인선 0327

대책이 없는 문장입니다 당신은,

초판 1쇄 인쇄 2020년 7월 20일
초판 1쇄 발행 2020년 7월 27일
지은이 김상숙
펴낸이 고영
책임편집 이리영
디자인 헤이존
펴낸곳 문학의전당
출판등록 제448-251002012000043호
주소 충북 단양군 적성면 도곡파랑로 178
전화 043-421-1977
전자우편 sbpoem@naver.com

ISBN 979-11-5896-476-4 03810